ビーズ

BEADS

監修
ビーズ博物館
文
森戸祐幸

はじめに

　私たちは今、21世紀という時代を生きています。ビーズは、今からはるか昔、紀元前3万5千年という気の遠くなるような大昔から作られていたことがわかっています。その頃は石や木、骨や貝など、自然の素材で作られていました。

　そんな大昔から、どうしてビーズは作られたのでしょうか？　その頃、空にうかぶ太陽や月は、神と考えられていました。古代の人たちは、身近にあるものを使って丸いビーズを作り、それを神である太陽や月にたとえて、祈るために身につけていたのです。その後も、お金として使われたり、王様や部族の長といったえらい人たちが自分の地位を表すために、身につけたりしていました。

　今日では、ビーズはガラスや金属、セラミック、プラスチックなど、いろいろな材料で作られるようになりました。色や模様や形や大きさもさまざまで、ネックレスや指輪、ブレスレットなどのアクセサリーや、シャンデリア、ビーズフラワーなど、いろいろなものに使われています。

　この本は、このようなビーズの歴史を知りたい人、色や形を見て楽しみたい人、ビーズを使って遊びたい人…と、さまざまな興味を持つ人のために書かれました。ビーズは私たちの身のまわりに、意外に多くあるものです。この本を読んだ後は、きっと今まで気づかなかったところでビーズを発見するかもしれませんね。

目次

- はじめに ……………………………………… 2
- 美しいビーズの世界① …………………… 4
- 美しいビーズの世界② …………………… 6
- 世界を代表する2大ビーズ ……………… 8
- ビーズの材質① …………………………… 10
- ビーズの材質② …………………………… 12
- ビーズの形・模様 ………………………… 13
- ビーズができるまで ……………………… 14
- ビーズで作ろう
  - ◇基本の作業 ……………………………… 16
  - ◇ドロップリング ………………………… 17
  - ◇お花のゆびわ …………………………… 18
  - ◇キーホルダー …………………………… 19
  - ◇父の日ストラップ ……………………… 20
  - ◇ランプビーズブレスレット …………… 21
  - ◇Vネックレス …………………………… 22
  - ◇四角ブレスレット ……………………… 23
- 目で見るビーズの歴史 …………………… 24
- 誕生石とビーズ …………………………… 31
- あとがき …………………………………… 32

ビーズ博物館・玉の博物館館長　森戸祐幸

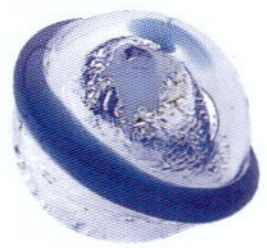

美しいビーズの世界 1

カラフルなビーズは布、糸、ひも、ワイヤーなどと一緒につるしたり、組みひもにしたり、織ったり、刺しゅうすることにより、さまざまなアクセサリーや工芸品に使われています。

ビーズ刺しゅうタペストリー
アメリカ・オレゴン州在住のビーズ作家、ペギー・ケンデレンの作品。鮮やかな色と、斬新なデザインのタペストリー（壁掛け）。

ネックレス
ガラスビーズと金属ビーズを組み合わせたネックレス。

ビーズフラワー
テグスワイヤーにシードビーズを通し、花の形に織ったもの。

ビーズツリー
ワイヤーで作ったツリーに、ガラスビーズをつり下げたもの。ボヘミア（チェコ）製。

カメレオンの置物
体の色をさまざまに変化させるカメレオンを、シードビーズとワイヤーを使って作成。

アンティークビーズバッグ
デリカビーズを使用した、美しいビーズ織りのアンティーク風バッグ。

ビーズハンドバッグ
ビーズで刺しゅうをした美しいハンドバッグ。

ネックレス
半貴石(はんきせき)や骨(ほね)ビーズで作られている。

ビーズベルト
皮にシードビーズを刺しゅうしたベルト。

ビーズタペストリー
デリカビーズでひまわりを織りあげた絵画作品。

シャンデリア
チェコ・プラハ城の王位の間を飾(かざ)るビーズのシャンデリア。ボヘミア地方では、1724年からビーズのシャンデリアが作られ、ヨーロッパ各国の宮廷(きゅうてい)を飾った。

美しいビーズの世界 2

アフリカやアジアでは、種のように小さくて、色の豊富な
シードビーズを使った民芸品が、盛んに作られています。

飾り容器（インドネシア）
ビンロウジュの種子や、ライムを入れるための容器で、カラフルなビーズ細工と木の実のビーズでできている。豊作祈願や悪霊を追いはらう儀式に使われる。

ヨルバ族のビーズ細工王冠（ナイジェリア）
族長が主要な行事で着用する。王冠に描かれた顔は先祖を表し、鳥の集まりは精霊の世界を表す。人間の世界と精霊の世界を往来する力があることを意味している。

バミレケ・スツール（カメルーン）
スツール（いす）は王のシンボルである。スツールに座った姿は信頼と安定を表し、王としての絶大な権力を表現している。

ズールー族のビール壺カバー（アフリカ）
ビールを入れる粘土製の壺のカバーとして使われる。ズールー族には、花嫁が花婿の親戚の家長に、ビール壺とそのカバーをプレゼントする習わしがある。

ツアレグ族の十字架（アフリカ）
西サハラ砂漠の放牧民ツアレグ族が、神の加護を受けるために身につけている、銀・錫製の十字架。

ンデベレ人形（南アフリカ）
主に出産のお守りとして、結婚適齢期の女性への贈りものに使われる。占い師も使っている。

子ども用のベスト（パキスタン）
たくさんのビーズで刺しゅうされた布製のベスト。家族の特別な集まりの時に着用する。

ズール人形（南アフリカ）
農村の女性たちがいかにエイズと闘っているかを表現した作品。布とビーズ細工でできている。

世界を代表する2大ビーズ

ベネチアンビーズ

ベネチアのビーズ作りの歴史は、11世紀頃から始まったといわれています。特に17世紀に花柄モザイク文様のビーズが開発されてからは、ガラスビーズの最盛期をむかえました。

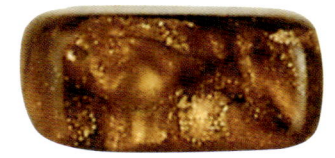

ビンテージビーズ
ビンテージと呼ばれる18〜19世紀頃の金箔、銀箔を封入したビーズ。

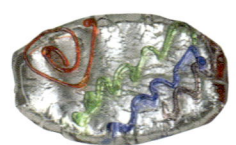

ハンドメードビーズ
ベネチア特有のカラフル文様のハンドメードビーズ。

ボヘミアンビーズ

オーストリア、チェコ、ドイツにまたがるボヘミア地方は、ビザンチン文化の影響を受けて、17世紀以来世界のガラス工芸の中心として栄えました。

カットビーズ
無色透明なボヘミアンクリスタルガラスを、カット・研磨してできたクリスタルビーズ。着色は真空蒸着という方法で加工する。スワロフスキー社（オーストリア）や、プレシオサ社（チェコ）が代表的なメーカー。

ハンドメードビーズ
原料となる着色ガラス棒を、バーナーの炎でやわらかくして、いろいろな形にする。

ファイアポリッシュビーズ
型押ししたビーズを、研磨・加工してから、火炎処理し着色したもの。

ビーズの材質 ①

人類のながい歴史の中で、ビーズはそれぞれの国によって、いろいろな種類の材料を用いて作られてきました。ここでは古いものから最新のものまで紹介します。

天然素材
バナナの葉、ヤシの実、竹、木材。くるみやココナッツなどの木の実。

骨
魚やヘビの骨や歯。ウシ、ヤク、ヒツジの骨や角。ダチョウの卵の殻や象牙など。

セラミック
土器、陶磁器など。エナメル着色技法を用いて、模様を染めつける。

貝
アワビ、タイガーシェル、二枚貝、イモ貝、ホラ貝、巻貝など。

ガラス
カットガラスビーズ、シードビーズ、ファイアポリッシュビーズ、ハンドメードビーズ、プレスビーズ、蛍光ガラスビーズ。

パール
天然パール、養殖パール、淡水パール、黒真珠、イミテーションパール。

サンゴ
タイガーサンゴ、アップルサンゴ。

ビーズの材質 2

半貴石
水晶、メノウ、オニックス、ジャスパー、ターコイズ、サファイア、コハクなど。

金属
金、プラチナ、ホワイトゴールド、銀、銅、チタン、ピューター（錫とアンチモンの合金）など。

プラスチック
アクリル、ポリエチレン、ポリスチレン、ポリカーボネート樹脂、フェノール樹脂、PET樹脂。

ビーズの形・模様

ビーズは材質、加工方法により、いろいろな大きさや形に作られます。手加工ではどんな形にもできますが、ここでは一般的に売られている（大量生産で作られている）形状を分類してみました。

いろいろな模様

ミリフィオリ（千の花）、花模様、シェブロン模様。

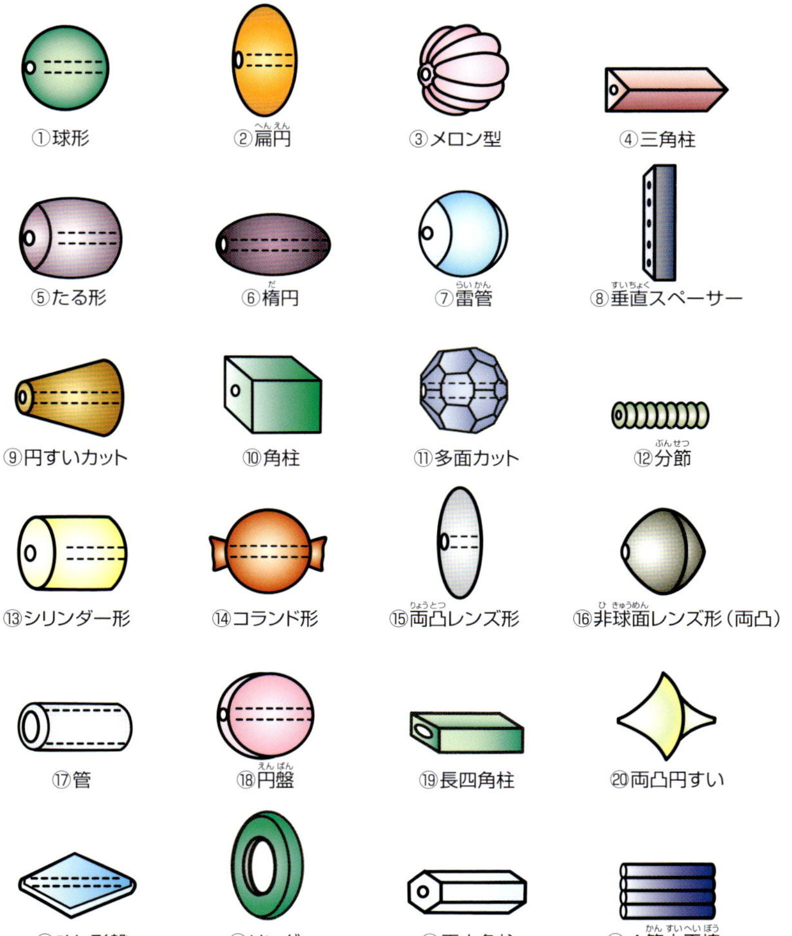

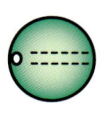 ①球形
 ②扁円
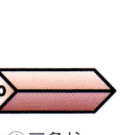 ③メロン型
④三角柱

⑤たる形
⑥楕円
⑦雷管
⑧垂直スペーサー

⑨円すいカット
⑩角柱
⑪多面カット
⑫分節

⑬シリンダー形
⑭コランド形
⑮両凸レンズ形
⑯非球面レンズ形（両凸）

⑰管
⑱円盤
⑲長四角柱
⑳両凸円すい

㉑ひし形盤
㉒リング
㉓正六角柱
㉔4管水平棒

ハートとクロス

おもしろい形

ビーズができるまで

ビーズは材質によりいろいろな製法で作られていますが、ここでは
ガラスビーズの一般的な作り方を紹介します。

ハンドメードビーズ

1 溶かしたガラスからガラス棒（ケーン）を作ります。

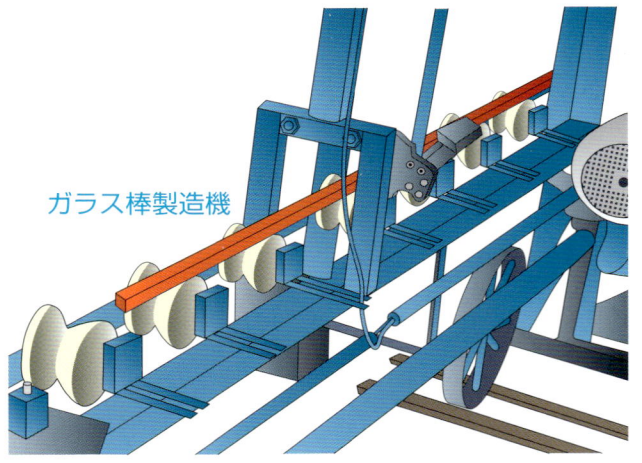

2 ガラス棒（ケーン）ができあがります。

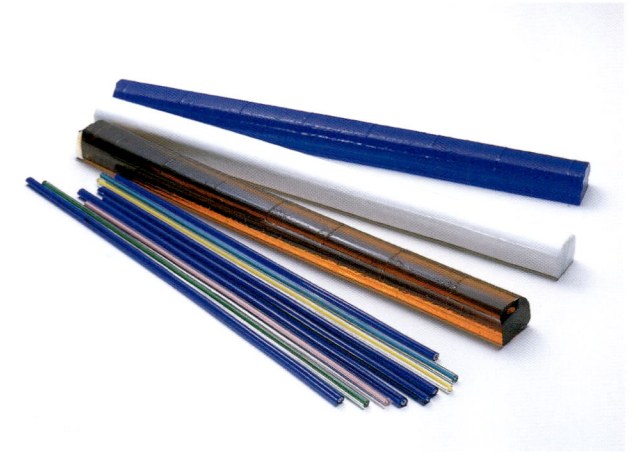

3 バーナーの熱でガラス棒（ケーン）を溶かしながら、形を整えたり模様をつけていきます。

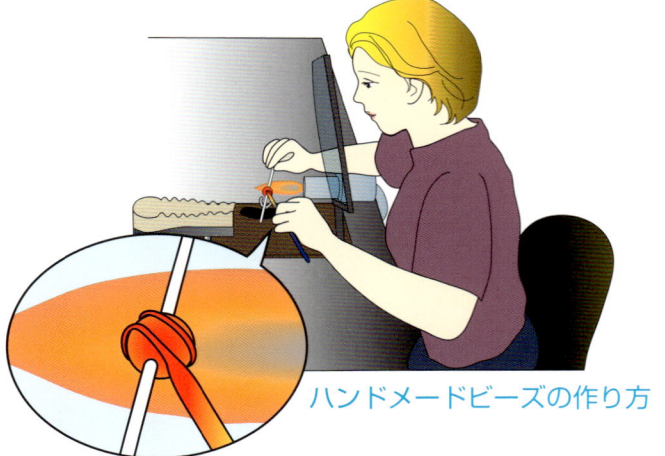

ハンドメードビーズの作り方

4 ハンドメードビーズの完成です。

ハンドメードビーズのことを、日本では**トンボ玉**と呼んでいます。トンボ玉は江戸時代から作られている日本独自のハンドメードビーズです。

※ハンドメードビーズは、その技術を学んだ人がガラス工房など専門の場所で制作するものです。決して家庭で真似をしないで下さい。

機械で作るビーズ　～シードビーズの場合～

1. 溶かしたガラスを炉に入れて、ビーズの原型を作ります。

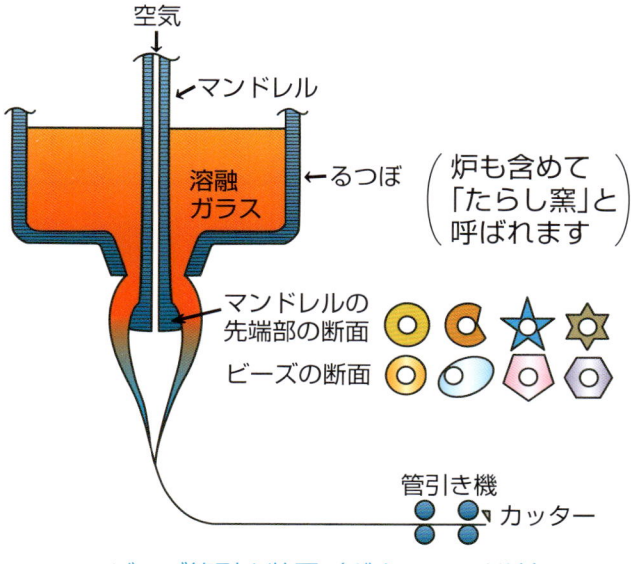

ビーズ管引き装置（ダウンロード法）

2. 1でできたビーズの原型を形成炉に入れ、形を整えます。

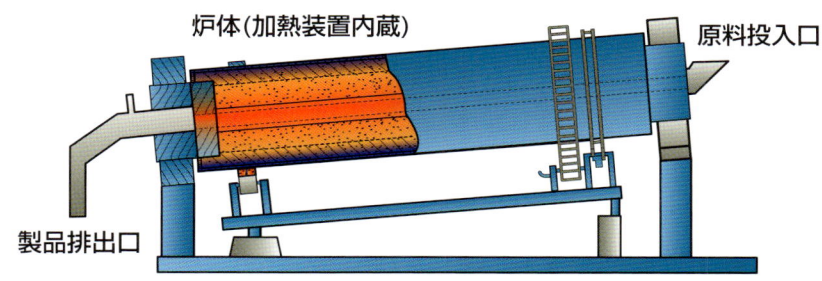

シードビーズの形成炉

3. シードビーズの完成です。

シードビーズは、シード（種）のように小さいビーズで、のれんやアクセサリーにすると、流れるような美しい動きがでます。

ビーズで作ろう

基本の作業

用意する工具
- ニッパー（はさみでも良い）
- 平やっとこ（ペンチでも良い）

注意点
＊テグスが通りにくい場合、先端を少し斜めに切って下さい。
＊つぶし玉とは‥‥ナイロンコーティングワイヤーや、ビーズの固定、留め金をつないだり、端の処理をするときに使う、金属製の小さいビーズです。
　平やっとこ（ペンチ）でつぶせます。
＊捨てビーズに使用するのは、使い残しの丸小ビーズなどでも良いです。

ビーズが落ちないように、クリップやテープを、使いましょう。

固結びの仕方
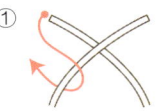 ① 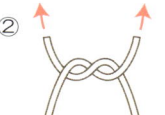 ② 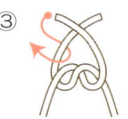 ③  ↑できあがり↑ ④  悪い例 ×縦結び

クロスの仕方
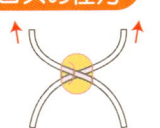 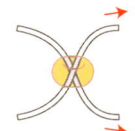

固結び後のテグスのかくし方
2～3cm位がふつうですが、通せるだけ通すとさらに丈夫になります。★スタート
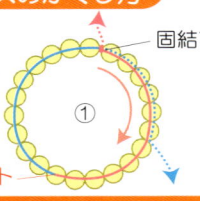 ① 固結び
→
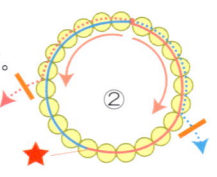 ② できるだけ短く切ります。
できるだけ短く切ります。

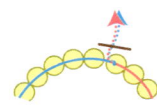 できるだけ短く切ります。 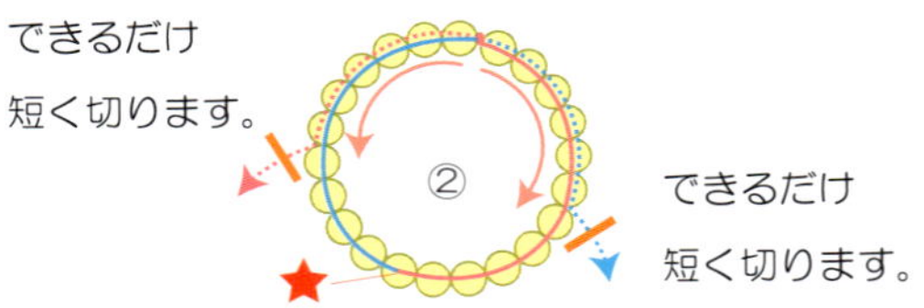 
結び目が小さい場合やビーズが大きい場合は、ビーズの中にかくします。

ボールチップのつけ方‥ビーズ（捨てビーズ）の場合
※テグスが1本の時は、下の図のつぶし玉の場合を参考にして下さい。

① 捨てビーズ／ボールチップ　② テグスを、捨てビーズでクロスします。　③ 固結び　片方のテグスをもう一度、捨てビーズに通し、固結びをします。
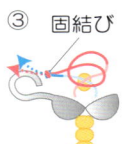 ④ 1mmくらい残し余分なテグスは切り、固結びの部分に、ボンドを少しずつけて下さい。
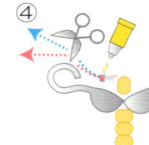 ⑤ 平やっとこ（ペンチでも良い）で、ボールチップを閉じます。
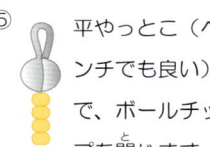

ボールチップのつけ方‥つぶし玉の場合
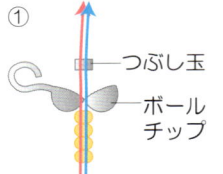
① つぶし玉／ボールチップ　② 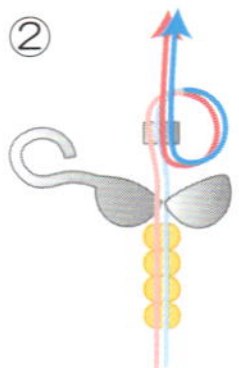 もう一度、つぶし玉に通します。　③ 平やっとこ（ペンチでも良い）を使い、つぶし玉をできるだけ、ボールチップの近くでつぶします。
 ④ 1mmくらい残し、余分なナイロンコートワイヤー（またはテグス）は、切ります。
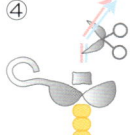 ⑤ 平やっとこ（ペンチでも良い）で、ボールチップを閉じます。
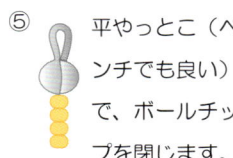

輪のつなぎ方
①  丸カン 　平やっとこ（ペンチでも良い）を使って輪を開きます。
②  　左右ではなく前後に開きます。
③  　つなぎたいパーツを、開いた輪に引っかけます。
④  再び前後にねじって、輪を閉じます。

引き輪と板カンのつなぎ方（またはクラスプセット）

引き輪／板カン／丸カン／ボールチップ

ドロップリング

大きなスワロフスキーが、キャンデーみたいでかわいいリング。
色ちがいでいっぱい作って、お友だちにプレゼント！

材料

スワロフスキー5000（8mm）	1個
スワロフスキー5000（4mm）	2個
スワロフスキー5301（5mm）	4個
ドロップビーズ	2個
丸小ビーズ	約55〜70個
テグス2号	約50cm
ニッパー	（はさみでも良い）
平やっとこ	（ペンチでも良い）

① テグスの中央にスワロフスキー5000（4mm）を入れ、図のようにビーズを通していきます。
（P16 クロスの仕方参考）

② ★で折り返し、ドロップビーズを図の位置で通して★まで戻ります。

③ 左右に丸小ビーズを3個ずつ通し、次の丸小ビーズでクロスします。
（★までくり返します）
※くり返す回数は、サイズに合わせて多くしたり少なくしたりします。目安は6回です。

仕上がりは指まわり約5cmです。

④ ★のスワロフスキーにどちらかのテグスを通し、固結びをします。
（P16 固結びの仕方／テグスのかくし方参考）
テグスを通せるだけビーズに通し（その方が丈夫になります）、あまったテグスを切って完成です。

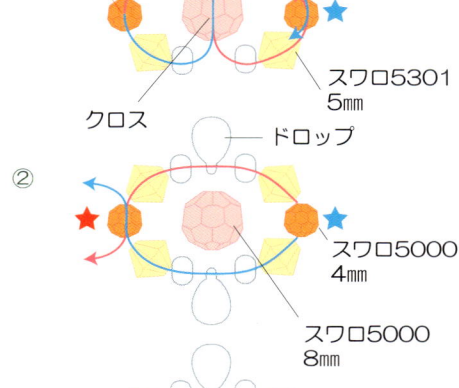

固結びの部分をパールビーズの中にかくします。

お花のゆびわ

材料

貴石（ハート型）	4個
パールビーズ（4mm）	8個
丸小ビーズ	約55個
テグス2号	約50cm
ニッパー	（はさみでも良い）
平やっとこ	（ペンチでも良い）

仕上がりは指まわり約5cmです。

春の香りにさそわれて。

① テグスの中央にパールビーズを入れたら、各テグスに丸小ビーズ4個、貴石ハート型を1個ずつ通し、丸小ビーズでクロスします。
（P16 クロスの仕方参考）
つづいて、図のようにビーズを通していきます。

② 最後まできたら、図のように、
スタート★ のパールビーズに
テグスを1本だけ通して、固結びをします。
（P16 固結びの仕方参考）

③ テグスを通せるだけビーズに通し、
（その方が丈夫になります）
あまったテグスを切って完成です。

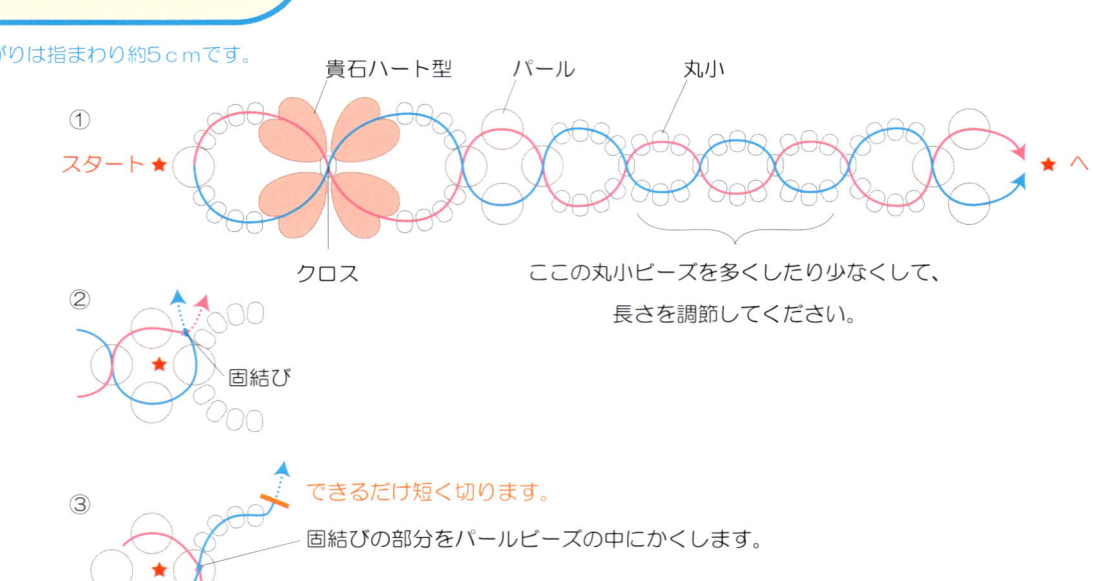

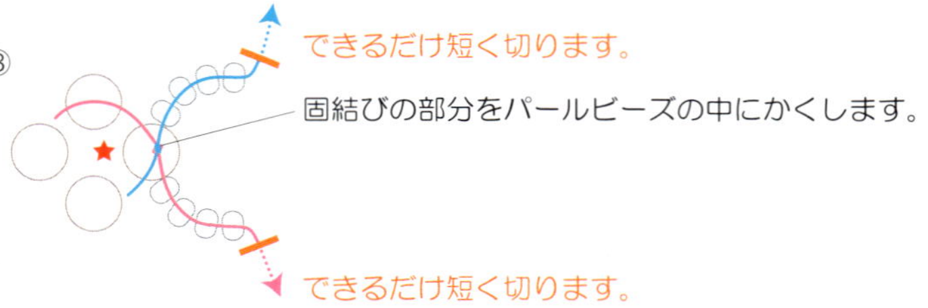

キーホルダー

ベネチアンビーズで、リッチな気分！

① テグスの中央にチェコファイアポリッシュ［以下チェコFP］を1個入れ、各テグスにチェコFPを1個ずつ通し、チェコFPでクロスします。
（P16 クロスの仕方参考）

② 各テグスに丸小ビーズ2個、キャッツアイA色を1個ずつ通し、丸小ビーズで、クロスします。

③ 各テグスにキャッツアイA色1個、丸小ビーズを2個ずつ通し、スタート★のチェコFPでクロスします。

④ うらがえして、②③をもう一度くり返します。
（うらにも同じようにお花を作ります。）

⑤ つぎに各テグスに、キャッツアイB色、丸小ビーズを1個ずつ通し、キャッツアイA色でクロスします。

⑥ 各テグスに丸小ビーズを3個ずつ通したあと、各テグスをまとめて、スワロフスキー、つづいてベネチアンビーズを通します。
つぎに、各テグスに丸小ビーズ4個を通し、スワロフスキーでクロスします。
つづいて各テグスに丸小ビーズを9個ずつ通します。
各テグスをまとめ、丸小ビーズ1個に通したあと、ボールチップをつけ、鈴とキーホルダーなどをつけて完成です。
（P16 固結びの仕方／ボールチップのつけ方参照）

材料

ベネチアンビーズ	1個
キャッツアイ（4mm）A色9個 B色2個	
チェコファイアポリッシュ（6mm）	4個
丸小ビーズ	55個
鈴	1個
スワロフスキー5301（3mm）	2個
ボールチップ	1個
リング	2個
テグス2号	約60cm
キーホルダーなど	
ニッパー	（はさみでも良い）
平やっとこ	（ペンチでも良い）

仕上がりは約9cmです。（金属の長さ含む）

① スタート★ クロス   チェコFP

② ★ キャッツアイA色

③

④ うらがえして②③の図同様に同じ種類のビーズを通して下さい。

⑤ 完成するとこの部分が、ボール形になります。

⑥ ベネチアンビーズ / キャッツアイB色 / スワロフスキー5301 / 切ります。 / 固結び / ボールチップ

キーホルダーの下の飾り部分がかわいいボール形になります

父の日ストラップ

アクセサリー

材料

竹ビーズ A色 約32個 B色 約70個	
丸小ビーズ	約20個
ボールチップ	1個
ストラップパーツ	1個
アクセサリー	1個
テグス2号	約45cm
ニッパー	（はさみでも良い）
平やっとこ	（ペンチでも良い）

作ってみたら意外とかんたん！
父の日のプレゼントにぴったりです。

仕上がりは約5.5cmです。（ストラップの長さをのぞく） ※材料の個数は、8回の場合です。

① テグスの中央に丸小ビーズを入れ、各テグスに竹ビーズを図のように通していきます。（P16 クロスの仕方参考）
　★の輪を、8回（偶数であれば何回でもいい）くり返し通していきます。

② ★の輪を、9回（①の回数+1回《奇数》）くり返します。

③ 通し終えたら★部分で折り返し、①で作ったビーズの輪に図③のように交互に通しながら、スタートに戻ります。

④ スタート★印の丸小ビーズでテグスをクロスさせます。
　ボールチップをつけ、ストラップパーツ、アクセサリーをつなげて完成です。
　（P16 固結びの仕方／ボールチップのつけ方参照）

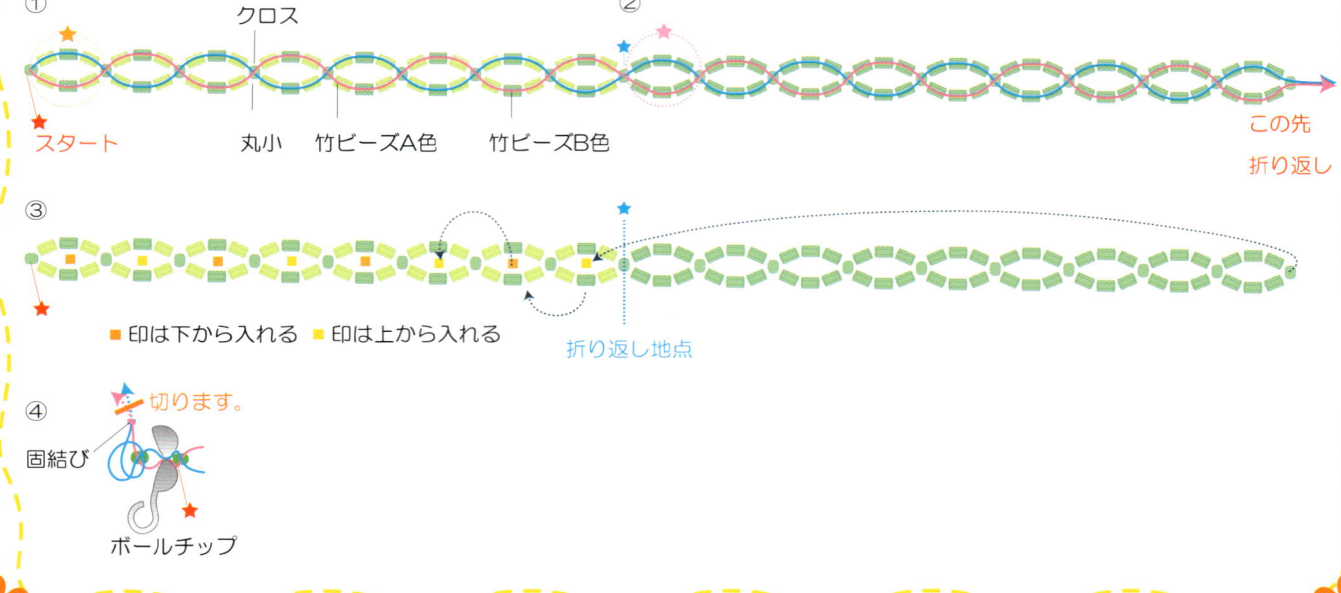

ランプビーズブレスレット

材料

ランプビーズ（12×8mm）	1個
チェコファイアポリッシュ（3mm）	30個
スワロフスキー5301（3mm）	2個
丸小ビーズ	160～190個
テグス2号　約60cm 1本　約20cm 2本	
クラスプセット	
ニッパー	（はさみでも良い）
平やっとこ	（ペンチでも良い）

仕上がりは約17.5cmです。（金属の長さ含む）

ゆれる2つのお花が、ポイントです。
2つ作ってお母さんにプレゼント！

① 最初にAを作ります。
　テグスの中央に丸小ビーズを入れ、
　固結び（P16　固結びの仕方参考）をして丸小ビーズを固定します。
　ボールチップの穴にテグスをまとめて通し、
　平やっとこ（ペンチでも良い）でボールチップを閉じます。
　つづいて図のようにビーズを通していきます。（P16　クロスの仕方参考）

② 最後にボールチップでとめます。
　（P16　固結びの仕方／ボールチップのつけ方参考）

③ 次にBを作ります。
　図のようにビーズを通し、パーツを2個作ります。
　（P16　固結びの仕方／テグスのかくし方参考）

④ AにBを左右から入れ、クラスプセットをつけて完成です。

B　2個作り、リングにします

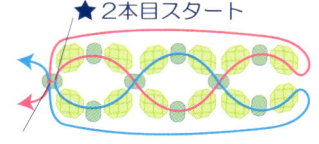

固結び
結び目をビーズの中へかくす

A　左右対称にビーズを通します

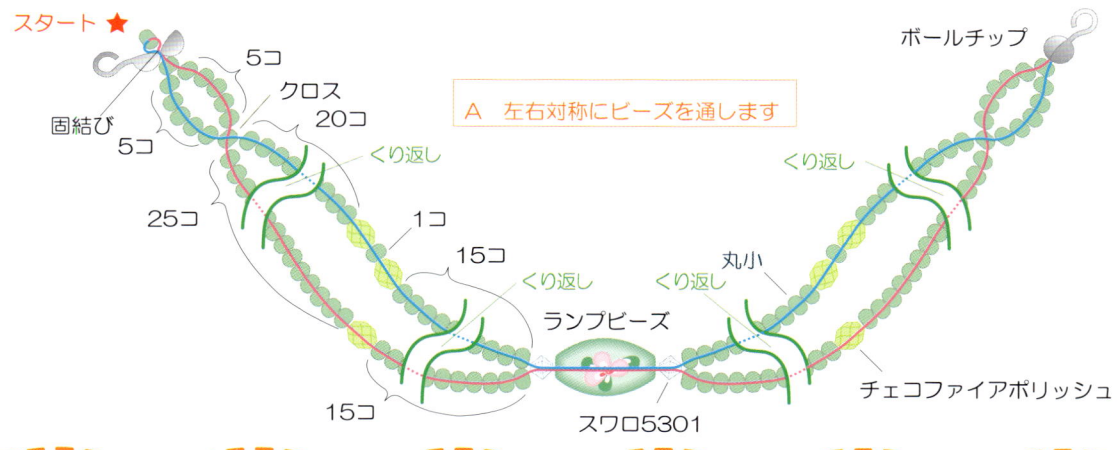

Ｖネックレス

おしゃれに決めるならこれ！

① テグスの中央に丸小ビーズを入れ、固結びをして丸小ビーズを固定します。
（P16 固結びの仕方参考）
ボールチップの穴にテグスをまとめて通し、平やっとこ（ペンチでも良い）で
ボールチップを閉じます。
つぎに丸小ビーズ、竹ビーズを交互に首のサイズに合わせて通していきます。

② ちょうど良いサイズになったら、
各テグスに竹ビーズ、丸小ビーズを1個ずつ通し、スワロフスキーで
クロスし、中央のモチーフを作っていきます。（P16 クロスの仕方参考）

③ 折り返しの部分は、★のビーズでクロスした後、
ピンクで示したテグスに、スワロフスキー6mmを2個通し、
新たな★のスワロフスキーでクロスします。
そして、今通したスワロフスキー6mmにもう一度通し、1周させます。

④ 中央のモチーフを通し終えたら、
左右対称になるようにビーズを通していきます。
最後にボールチップをつけ、クラスプセットをとりつけて完成です。
（P16 固結びの仕方／ボールチップのつけ方参考）

材料

スワロフスキー5301（6mm）	10個
スワロフスキー5301（5mm）	12個
丸小ビーズ	約60個
竹ビーズ（4×5mm）	約54個
テグス3号	約1m30cm
クラスプセット	
ニッパー	（はさみでも良い）
平やっとこ	（ペンチでも良い）

仕上がりは約38.5cmです。（金属の長さ含む）

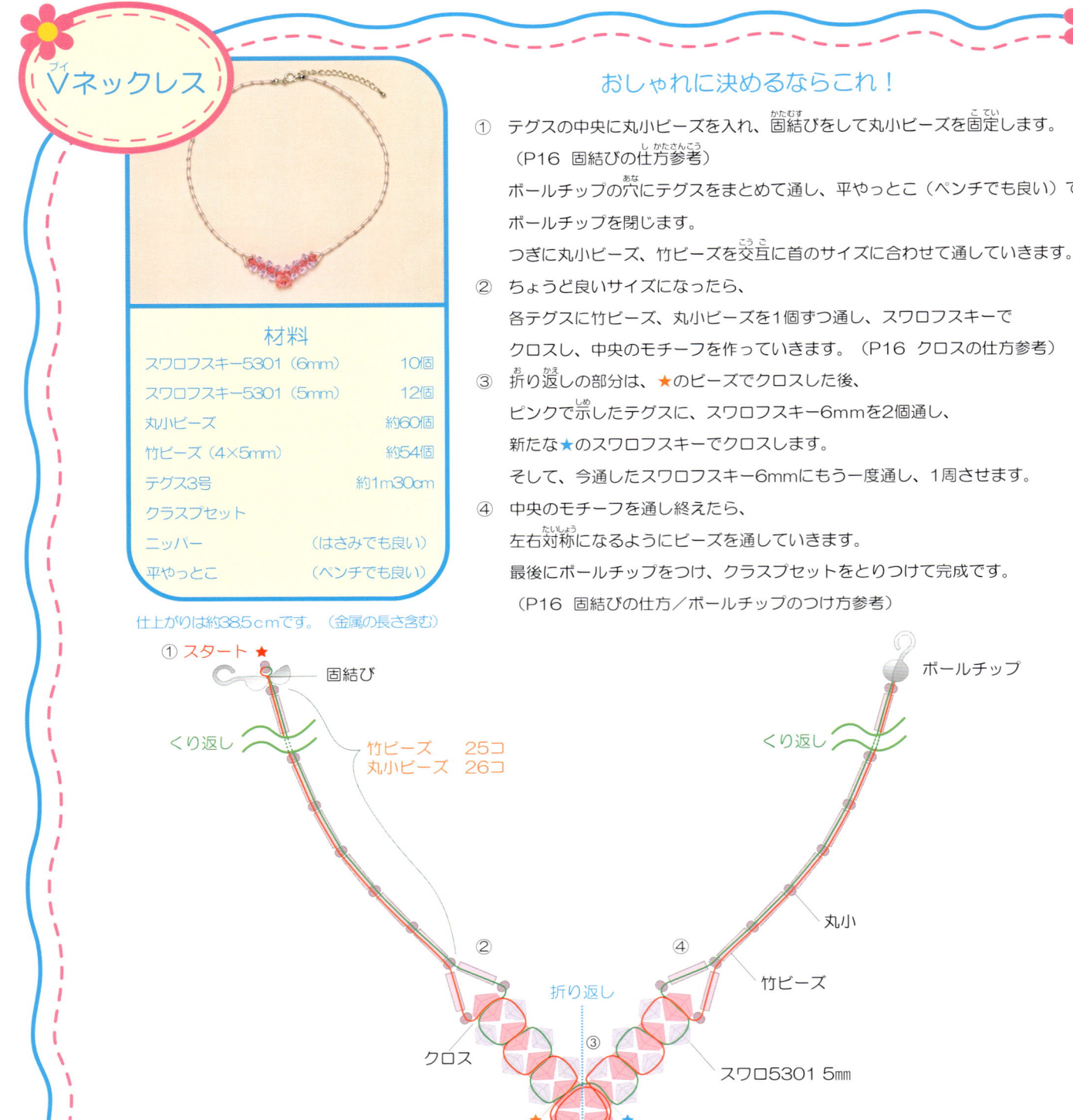

四角ブレスレット

かんたんだけど、しっかりキラキラ。
シンプルなので、2つ作って重ねてもかわいいです。

① テグスの中央に丸小ビーズを入れ、
固結びをして丸小ビーズを固定します。
ボールチップの穴にテグスをまとめて通し、
平やっとこ（ペンチでも良い）でボールチップを閉じます。

② 各テグスをまとめて、丸小ビーズ、角大ビーズを交互に通していき、
ちょうど良いサイズになるまでくり返します。

③ つぎに、丸小ビーズとスワロフスキーで、
図のように中央のモチーフを作っていきます。
（P16 クロスの仕方参考）

④ 中央のモチーフができたら、左右対称になるように
丸小ビーズと角大ビーズを通していきます。

⑤ ボールチップとクラスプセットをとりつけて完成です。
（P16 固結びの仕方／ボールチップのつけ方参考）

材料

スワロフスキー5301（5mm）
　　　A色 8個　B色 8個　C色 4個
丸小ビーズ　　　　　約38～44個
角大ビーズ　　　　　約16～22個
テグス2号　　　　　約60cm
クラスプセット
ニッパー　　　　（はさみでも良い）
平やっとこ　　　（ペンチでも良い）

仕上がりは17.5cmになります。（金属を含む）

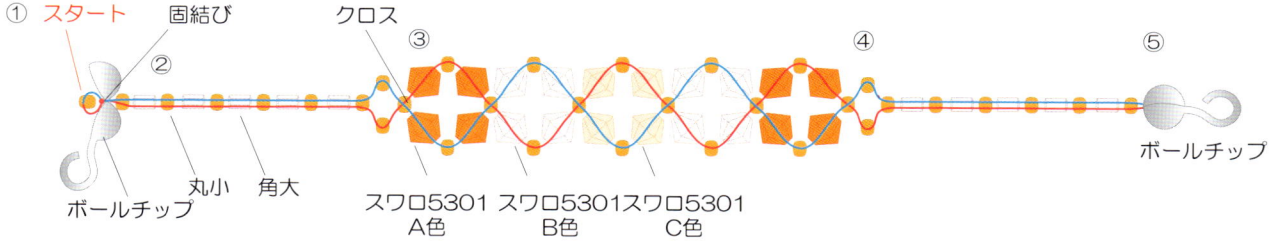

目で見るビーズの歴史

国名は、化石が出土した国を表しています。

紀元前	ヨーロッパ	エジプト・西アジア
30000年		
10000年	 この時代は、ダチョウの卵の殻、動物の歯や骨、魚の脊椎骨、象牙、貝などをビーズの素材にしていた。	
8000年		骨、貝、石、動物の歯を使ったビーズが作られていた。    骨、貝、石、粘土のビーズ 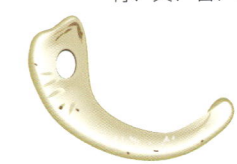 
5000年		メノウ、トルコ石、タカラ貝のビーズ
3400年	バルト海沿岸諸国で、琥珀ビーズの交易が行われていた。	  エジプトでは、陶器のビーズが作られていた。   〈メソポタミア文明〉
2500年		

地中海沿岸・エジプト・西アジア

紀元前2500年

サンゴで作られたビーズ

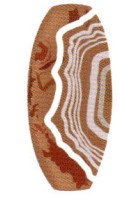

この時代アフガニスタンからは、メノウ、紅玉ずい、ラビスラズリ石のビーズが出土している。

2000年

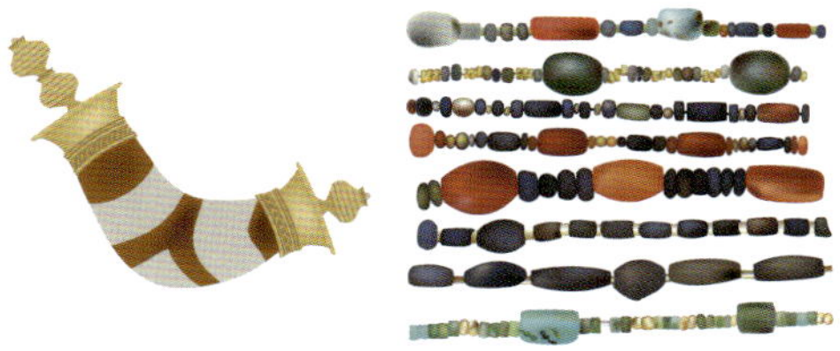

シリアでは、金、銀、ラビスラズリ石でビーズが作られていた。

1600年

紫水晶、メノウ、金、銀で作られたビーズ

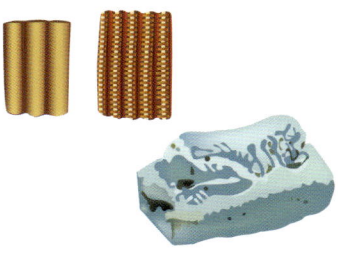

シリアから出土した金のビーズと石のビーズ

ギリシャでは、金、紅玉ずい、バルト海琥珀ビーズが見つかっている。

この頃より、エジプトではガラスと陶器のビーズが盛んになる。

イランから出土した、4連らせん状の金のビーズ

1001年

紀元前1000年	ヨーロッパ	地中海沿岸・エジプト・西アジア	アジア

この時代、フェニキア人は地中海上の貿易でビーズを使用していた。

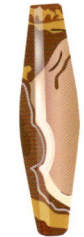

シリアから出土した陶器のビーズ

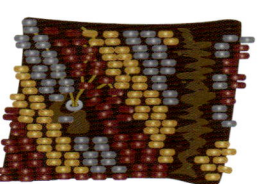

ガラスビーズ

この頃より、中国でもガラスビーズが作られるようになる。

500年

フェニキア人面トンボ玉
（由水常雄氏提供）

西アジアの同心円文様トンボ玉
（由水常雄氏提供）

中国戦国時代のトンボ玉
（由水常雄氏提供）

ローマ時代のガラスビーズ

ギリシャ時代のビーズ

日本でもこの時代以降、ガラスビーズ（トンボ玉）が見つかっている。

ロシアのガラスビーズ

ローマ時代の人面トンボ玉
（由水常雄氏提供）

100年

西暦	ヨーロッパ	地中海沿岸・西アジア	インド・チベット	アジア	中央・南アメリカ
1年	ロシアでもガラスビーズが作られる。				
300年		ガラスビーズ　ガラスビーズ		韓国・慶州市より出土したトンボ玉（由水常雄氏提供）　岡山県山陽町・岩田14号墳より出土したトンボ玉（由水常雄氏提供）	コスタリカのビーズ
500年	ヨーロッパ古代のトンボ玉（由水常雄氏提供）				〈マヤ文明〉
800年	ノルウェー・オヴェルイラ市スコグモより出土したトンボ玉（由水常雄氏提供）	イスラム時代のトンボ玉（由水常雄氏提供）　エルサレムにガラス製作センターが設立される。	チベットのビーズ	東京都多摩市・塚原古墳群4号墳より出土した勾玉・管玉・ガラス小玉（玉川大学教育博物館所蔵）　中国より出土した、メロン型のシルバービーズ	
1000年	ヨーロッパでは、ガラスビーズの制作がますます盛んになる。	イスラム時代のトンボ玉（由水常雄氏提供）			

	ヨーロッパ	西アジア	インド・チベット	アジア	中央・南アメリカ	アフリカ
1100年						
	イタリア・ベネチアでビーズ製作がはじまる。	それまで有力だった、西アジアのガラス製作が終わりをむかえる。	インドの石のビーズ		ペルー、メキシコの金やサンゴのビーズ	ヤクの骨のビーズ
1500年	ボヘミア地方でガラスビーズ産業が発展する。		チベットのビーズ	中国の象牙のビーズ	南アメリカで、スペイン系住民によるガラスビーズ製作がはじまる。	ガラスビーズ
	イタリア・ベネチアで、ランプワーク（巻いて玉にする）ビーズが作られるようになる。			アイヌ玉（由水常雄氏提供）	アメリカ先住民族の酋長のブロンズ製首飾り	金属製ビーズ
	ベネチアのアフリカ輸出向けトンボ玉（由水常雄氏提供）			飾りつき灯ろう		
1800年						

28

	ヨーロッパ	インド・チベット	アジア	北アメリカ	アフリカ

1801年

ベネチアのガラスビーズ

イギリスの統治下で、インドのガラスビーズ製造が衰退しはじめる。

フィリピンのサンゴのビーズ

1850年

ベネチアで、さまざまな模様のビーズが作られる。

アメリカ・ニュージャージー州やウィスコンシン州でもビーズが発見される。

アフリカ西海岸の再生ガラストンボ玉（由水常雄氏提供）

1900年

誕生石とビーズ

ビーズは、はるか紀元前から世界各地で作られ続けてきました。当時は宝石もビーズとして使われていました。今日では、ビーズをガラスの着色加工により、イミテーションジュエリーとして宝石と同じ色彩をほどこし、誕生石として扱っています。ここでは、本物の宝石の誕生石について解説します。

1月（ガーネット）
貞操・友愛・真実・忠実
硬度7.5
産地：南アフリカ、インド、ブラジル、スリランカ

2月（アメジスト）
誠実・心の平和
硬度7
産地：ザンビア、ウルグアイ、ブラジル

3月（アクアマリン）
沈着・勇敢・聡明
硬度7.5～8
産地：ブラジル、モザンビーク、ナイジェリア

4月（ダイヤモンド）
清浄無垢、最高
硬度10
産地：ロシア、コンゴ、ボツワナ、南アフリカ、オーストラリア

5月（エメラルド）
幸運・幸福
硬度7.5～8
産地：ザンビア、ジンバブエ、コロンビア

6月（パール）
健康・長寿・富
硬度4
産地：タヒチ、日本、中国

7月（ルビー）
深い愛情、熱情、威厳
硬度9
産地：タイ、モロッコ、スリランカ

8月（ペリドット）
夫婦の幸福、和合
硬度6.5～7
産地：ノルウェー、アメリカ、ミャンマー

9月（サファイア）
慈愛・誠実・徳望
硬度9
産地：ナイジェリア、オーストラリア、タイ、アメリカ、スリランカ、カシミール

10月（ブラックオパール）
安楽
硬度5～6.5
産地：オーストラリア、メキシコ

11月（インペリアルトパーズ）
友情・希望・潔白
硬度8
産地：ブラジル、パキスタン

12月（トルコ石）
成功
硬度6
産地：アメリカ、中国、イラン

あとがき

　この本をまとめていて、ビーズの奥深さをつくづく再認識しました。限られた誌面のなかで、ビーズの魅力をどれだけ伝えられたか……。あれも入れておけばよかった、これも盛りこんでおけばよかった、とそれこそ限りがありませんが、あとは読者のみなさんのご意見をお聞きしたいと思います。

　この本は、みなさんに読んでいただきビーズのことをよく知ってもらうことはもちろんですが、実際にビーズを手にとって遊んでいただくことも大きな目的の一つです。かんたんなネックレスや指輪などの作り方のページも入っていますので、興味をもった方はぜひ、トライしてみてください。作り方が同じでも、できあがった作品は世界でたった一つのものです。そうして、ものを創る楽しみや、色や形の組み合わせのおもしろさを、少しでも感じとっていただければ幸いです。

玉の博物館館長　森戸祐幸

株式会社球体研究所代表取締役社長。1964年東京理科大学卒業後、丸紅に入社。海外の先端技術の動向調査に就く。1973年にモリテックスを設立。光ファイバおよび関連製品の開発を手がけ、同分野の世界的企業に育て上げたが、その後退職して現職。工学博士。『ペーパーウェイト』（平凡社）、『ビー玉』（文溪堂）などの書籍の他、光ファイバ関連の書籍・雑誌にも多数執筆。「モーニングワイド」（NHK）、「王様のブランチ」（TBS）などテレビ番組にも多数出演。

スフィア・ミュージアム（旧　ビーズ博物館）

〒152-0035　東京都目黒区自由が丘3-5-22
（株）球体研究所　TEL 03-5731-5510
URL:http://www.spheretec.co.jp

撮影 …………… 文溪フォトサービス
装丁・デザイン …… DOMDOM
協力 …………… 由水常雄
　　　　　　　　　玉川大学教育博物館
　　　　　　　　　有限会社ジュエリーフォト

ビーズ BEADS

2004年3月　初版第1刷発行
2018年4月　第6刷発行

監修 …………… ビーズ博物館
文 ……………… 森戸祐幸
発行者 ………… 水谷泰三
発行所 ………… 株式会社文溪堂
　　　　　　　　〒112-8635
　　　　　　　　東京都文京区大塚3-16-12
　　　　　　　　TEL：編集 03-5976-1511
　　　　　　　　　　　営業 03-5976-1515
　　　　　　　　ホームページ：http://www.bunkei.co.jp
印刷 …………… 凸版印刷株式会社
製本 …………… 小髙製本工業株式会社
ISBN978-4-89423-387-4／NDC753.4／32P／257mm×235mm

©Sphere Museum & Yukoh MORITO
2004　Published by BUNKEIDO Co., Ltd. Tokyo, Japan.
PRINTED IN JAPAN

落丁本・乱丁本は送料小社負担でおとりかえいたします。
定価はカバーに表示してあります。